Für

_____

_____

© 2024 by Gerth Medien
in der SCM Verlagsgruppe GmbH, Berliner Ring 62, 35576 Wetzlar

1. Auflage 2024
Bestell-Nr. 821110
ISBN 978-3-98695-110-8

Konzept & Textauswahl: Nicole Schol
Umschlaggestaltung & Satz: Hanni Plato
Umschlagfoto: Getty Images, konradlew
Fotos: Shutterstock, unsplash
Druck und Verarbeitung: Dimograf
Printed in Poland

www.gerth.de

Der Herr ist mein Hirte

Der ermutigende
Wegbegleiter für deinen Alltag

Wo auch immer du gerade stehst,
wie auch immer es dir geht:
Lass dich einladen, deinen Blick auf all das Helle
in deinem Leben zu richten. Das Leben auch
dann anzunehmen, wenn es nicht perfekt ist.
Und in den schweren Phasen die Gewissheit
nicht aus den Augen zu verlieren, dass da jemand ist,
der an dich denkt. Der dich hält und dir helfen will.
Diese Erfahrung des Getragenseins wünsche ich dir!

Viel Glück und viel Segen!

Gott gebe dir

für jeden Sturm einen Regenbogen,
für jede Träne ein Lachen,
für jede Sorge eine Aussicht
und eine Hilfe in jeder Schwierigkeit.

Für jedes Problem, das das Leben schickt,
einen Freund, es zu teilen,
für jeden Seufzer ein schönes Lied
und eine Antwort auf jedes Gebet.

Irischer Segen

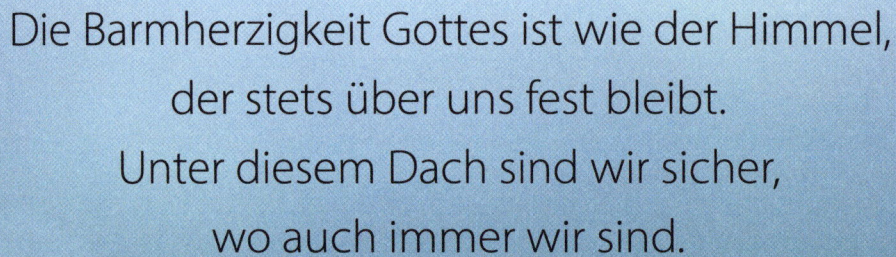

Die Barmherzigkeit Gottes ist wie der Himmel,
der stets über uns fest bleibt.
Unter diesem Dach sind wir sicher,
wo auch immer wir sind.

Martin Luther

Gott,
mein Herz ist voller

Zuversicht,

ja, ich bin ruhig geworden
im Vertrauen auf dich.

Psalm 57,8

Niemand
ist wie irgendein anderer.
Alle sind unterschiedlich
und alle notwendig –
jeder individuell von Gott geliebt,
als wäre er das einzige Geschöpf,
das je gelebt hat.

C. S. Lewis

Jesus kam auf diese Erde und lebte unter uns,
weil Gottes Liebe zu uns so tief
und weit und hoch ist,
dass er bei uns sein will, unter uns leben will,
uns zeigen will, wie wir als geliebte
und wertvolle Menschen leben können.

Shauna Niequist

Ich will einen Bund mit ihnen schließen,
der für alle Zeiten gilt. Mein Wort will ich ihnen geben,
dass ich mich nie wieder von ihnen abwenden werde,
sondern ihnen immer Gutes tun will.

Jeremia 32,40

Wir können versagen,
falsche Entscheidungen treffen
und bewusst falsche Wege einschlagen,
aber wir haben immer noch
einen liebenden, gnädigen Gott,
mit dem wir jederzeit
sprechen können.

Priska Lachmann

Gott ist unsre Zuflucht

und unsre Stärke,
er hat sich als Hilfe in der Not bewährt.
Deshalb fürchten wir uns nicht,
auch wenn die Erde bebt
und die Berge ins Meer stürzen,
wenn die Ozeane wüten und schäumen
und durch ihre Wucht die Berge erzittern!

Psalm 46,2–4

Jeder Mensch
steht im Zentrum der
Liebe Gottes.

Sven Kühne

Doch sehnt sich der Herr danach,
euch gnädig zu sein.
Bald wird er zu euch kommen
und sich wieder über euch erbarmen,
denn er ist ein gerechter Gott.
Wie glücklich können sich alle schätzen,
die auf seine Hilfe warten!

Jesaja 30,18

Für Jesus ist nichts zu schwer.
Bei ihm finden wir Sicherheit und Geborgenheit.
Ganz egal, was wir getan haben.
Ganz egal, was uns die kleine Stimme
in unserem Kopf
oder unsere Lebensumstände sagen.
Nichts ist für Jesus zu schwer.

Lysa TerKeurst

Du bist stärker,
als du glaubst,
denn Gott ist näher,
als du denkst.

Max Lucado

Der Herr ist mein Hirte,

mir wird nichts mangeln.
Er weidet mich auf einer grünen Aue
und führet mich zum frischen Wasser.
Er erquicket meine Seele. Er führet mich
auf rechter Straße um seines Namens willen.
Und ob ich schon wanderte im finstern Tal,
fürchte ich kein Unglück; denn du bist bei mir,
dein Stecken und Stab trösten mich.

Psalm 23,1–4

Sorgt euch nicht

um Alltägliches – ob ihr genug zu essen
oder anzuziehen habt, denn das Leben besteht
aus weit mehr als Nahrung und Kleidung.
Seht die Raben an. Sie brauchen nicht zu säen,
zu ernten oder Vorratsscheunen zu bauen,
denn Gott ernährt sie. Und ihr seid ihm doch
weit wichtiger als irgendwelche Vögel! Können
all eure Sorgen euer Leben auch nur um einen
einzigen Augenblick verlängern? Natürlich nicht!
Und wenn euer Sorgen schon in so geringen
Dingen nichts bewirkt, was nützt es da,
sich um größere Dinge zu sorgen?

Lukas 12,22–26

Das Gebet

eines Menschen,
der nach Gottes Willen lebt,
hat große Kraft.

Jakobus 5,16

Glauben wir immer noch an einen guten Gott,
wenn wir in Situationen geraten, von denen wir gehofft hatten,
dass wir sie nie erleben müssten?
Die Frage ist doch: Ist Jesus gut zu mir, wenn ich etwas erleide,
wenn ein Sturm nach dem anderen hereinbricht,
wenn man nur noch am Boden liegt, wenn alles zusammenbricht?
Im Angesicht all des Schrecklichen, Kaputten und Unvollkommenen:
Vertrauen wir dann einem guten Gott?

Kara Tippetts

Niemals werde ich dir meine Hilfe entziehen,
nie dich im Stich lassen.

Josua 1,5

Meine Gnade

ist alles, was du brauchst!
Denn gerade
wenn du schwach bist,
wirkt meine Kraft ganz
besonders an dir.

2. Korinther 12,9

Wenn die Worte fehlen

Dein Wort
ist ein Licht auf unserem Weg.
Dein Wort
hat Macht und bleibt in Ewigkeit.
Dein Wort
ist wahrhaftig und hält, was es verspricht.
Dein Wort
kommt niemals leer zurück.
Danke, dass wir dich beim Wort nehmen dürfen,
wenn uns die Worte fehlen,
weil uns das Leben die Sprache verschlägt.

Désirée Wiktorski

Denn du hast eine Zukunft,
und deine Hoffnung wird nicht
enttäuscht werden.

Sprüche 23,18

Wenn du ein Wunder brauchst, bitte darum.

Wenn du mehr Glauben brauchst, bitte darum.

Wenn du Vergebung brauchst, bitte darum.

Wenn du die Gewissheit brauchst,

dass du nie allein bist, bitte Gott

um das tiefe, unerschütterliche Bewusstsein

seiner nie endenden Gegenwart.

Max Lucado

Wer keinen Halt mehr hat,
den hält der Herr;
und wer am Boden liegt,
den richtet er wieder auf.

Psalm 145,14

Der Herr sehnt sich danach, euch gnädig zu sein.

Gott will dir genau dort begegnen, wo du gerade bist.
Freu dich doch über die Tatsache, dass er dich liebt und dich
mit seinen Segensgeschenken überschütten will. Alles,
was Gott tut, ist getrieben von seiner Gnade. Und er wird
dich nicht im Stich lassen, wenn du auf ihn wartest.
Auch wenn dein Leben gerade stressig ist oder du irgendwelche Lasten mit dir herumträgst: Du darfst sicher sein,
dass Gott dir mit Gnade und Mitgefühl begegnen will.
Er wird deine Gebete nicht überhören
und deine Schwierigkeiten nicht ignorieren.
Er hat alle Facetten deines Lebens
im Blick und wird dich nicht im Stich lassen!

Ich will euer
ganzes Leben lang euer Gott sein –
ich werde euch tragen,
bis euer Haar vom Alter ergraut.
Ich habe es getan und
ich werde euch weiterhin tragen.
Ich werde euch auf meine Schulter laden
und euch retten.

Jesaja 46,4